The Gospel: Bible Stories Coloring Book

Page	Content	Scripture Reference
1	The Annunciation	Luke 1:26-38
2	No Room at the Inn	Luke 2:1-7
3	The Shepherds and Angels	Luke 2:8-14
4	Jesus is Born in a Manger	Luke 2:15-20
5	The Wise Men from the East	Matthew 2:1-12
6	12 Year Old Jesus in the Temple	Luke 2:41-50
7	The Baptism of Jesus by John	Matthew 3:13-17, Mark 1:9-11, Luke 3:21-22
8	Follow Me	Matthew 4:18-22, Luke 5:1-11
9	The Sermon on the Mount	Matthew 5-7
10	Jesus Cleanses a Leper	Matthew 8:1-4
11	The Lord's Prayer	Matthew 6:9-13, Luke 11:1-4, John 17:1-26
12	The Lame Man Walks	Matthew 9:1-8, Mark 2:1-12, John 5:1-8
13	The Man with the Withered Hand	Matthew 12:9-14, Mark 3:1-6, Luke 6:6-11
14	The Blind Man Sees	John 9:1-7
15	Jesus Calms the Storm	Matthew 8:23-27, Mark 4:35-41, Luke 8:22-25
16	The Man with the Unclean Spirits	Matthew 8:28-34, Mark 5:1-20, Luke 8:26-39
17	Jesus Blesses Little Children	Mark 10:13-16, Luke 18:15-17
18 - 19	Jesus Feeds the 5000	Matthew 14:13-21, Mark 6:30-44, Luke 9:10-17, John 6:1-15
20	Jesus Walks on the Water	Matthew 14:22-33, Mark 6:45-51
21	Jesus Raises Lazarus from the Dead	John 11:1-44
22 - 23	The Triumphal Entry	Matthew 21:1-11, Mark 11:1-11, Luke 19: 28-40, John 12:12-19
24	The Fig Tree	Matthew 21:18-23, Mark 11:12-14, 20-24
25	Jesus and the Money Changers	Matthew 21:12-13, Mark 11:15-19
26	Jesus Teaches at the Temple	Mark 11:27-33, Luke 21:37
27	Mary Anoints Jesus	Matthew 26:6-13, Mark 14:3-9, John 12:1-8
28	The Last Supper	Matthew 26:17-29, Mark 14:12-25, Luke 22:7-38
29	In the Garden of Gethsemane	Matthew 26:36-46, Mark 14:32-42, Luke 22:39-46, John 18:1
30	The Betrayal	Matthew 26:47-54, Mark 14:43-50, Luke 22:47-53, John 18:2-3
31	The Arrest	Matthew 26:55-56, Mark 14:50-53, Luke 22:54, John 18:4-13
32	Jesus Before the Pharisees	Matthew 26:57-66, Mark 14:53-65, Luke 22:66-71
33	Jesus Before Pilate	Matthew 27:2, 11-13, Mark 15:1-3, Luke 23:1-4, John 18:28-38
34 - 35	The Crucifixion	Matthew 27:35-38, Mark 15:22-28, Luke 23:33-34, John 19:17-37
36	The Guarded Tomb	Matthew 27:62-66
37	The Resurrection	Matthew 28:1-8, Mark 16:1-8, Luke 24:1-12, John 20:1-10
38	The Ascension	Mark 16:19-20, Luke 24:50-53, Acts 1:9-11
39	Pentecost	Acts 2:1-4
40	The Great Commission	Matthew 28:16-20, Mark 16:15-18

Printed in Great Britain
by Amazon

24540171R00024